BEI GRIN MACHT SICH IHR WISSEN BEZAHLT

AF156238

- Wir veröffentlichen Ihre Hausarbeit,
  Bachelor- und Masterarbeit

- Ihr eigenes eBook und Buch -
  weltweit in allen wichtigen Shops

- Verdienen Sie an jedem Verkauf

Jetzt bei www.GRIN.com hochladen und kostenlos publizieren

GRIN ☺

Olga Levina

Intertextualität und Paul Celans Übersetzungen Osip Mandel'štams - Mandel'štam in Celans "Es ist alles anders" und "Nachmittag mit Zirkus und Zitadelle"

GRIN Verlag

Bibliografische Information der Deutschen Nationalbibliothek:

Die Deutsche Bibliothek verzeichnet diese Publikation in der Deutschen National-
bibliografie; detaillierte bibliografische Daten sind im Internet über http://dnb.d-
nb.de/ abrufbar.

Dieses Werk sowie alle darin enthaltenen einzelnen Beiträge und Abbildungen
sind urheberrechtlich geschützt. Jede Verwertung, die nicht ausdrücklich vom
Urheberrechtsschutz zugelassen ist, bedarf der vorherigen Zustimmung des Verla-
ges. Das gilt insbesondere für Vervielfältigungen, Bearbeitungen, Übersetzungen,
Mikroverfilmungen, Auswertungen durch Datenbanken und für die Einspeicherung
und Verarbeitung in elektronische Systeme. Alle Rechte, auch die des auszugsweisen
Nachdrucks, der fotomechanischen Wiedergabe (einschließlich Mikrokopie) sowie
der Auswertung durch Datenbanken oder ähnliche Einrichtungen, vorbehalten.

Impressum:

Copyright © 2009 GRIN Verlag GmbH
Druck und Bindung: Books on Demand GmbH, Norderstedt Germany
ISBN: 978-3-640-87283-1

Dieses Buch bei GRIN:

http://www.grin.com/de/e-book/169119/intertextualitaet-und-paul-celans-ueberset-
zungen-osip-mandel-stams-mandel-stam

GRIN - Your knowledge has value

Der GRIN Verlag publiziert seit 1998 wissenschaftliche Arbeiten von Studenten, Hochschullehrern und anderen Akademikern als eBook und gedrucktes Buch. Die Verlagswebsite www.grin.com ist die ideale Plattform zur Veröffentlichung von Hausarbeiten, Abschlussarbeiten, wissenschaftlichen Aufsätzen, Dissertationen und Fachbüchern.

Besuchen Sie uns im Internet:

http://www.grin.com/

http://www.facebook.com/grincom

http://www.twitter.com/grin_com

Ludwig-Maximilians-Universität München
Slavische Philologie
Sommersemester 2009
Hauptseminar: Shibboleth und Gedächtnis: Eine Poetik des Geheimen bei Paul Celan und Osip
Mandel'štam

Intertextualität und Paul Celans Übersetzungen Osip Mandel'štams - Mandel'štam in Celans *Es ist alles anders* und *Nachmittag mit Zirkus und Zitadelle*

Verfasserin: Olga Levina
Slavische Philologie (HF), Philosophie (NF), Komparatistik (NF)
5. Semester

1

Inhaltsverzeichnis

1. Einleitung

Gegenstand dieser Arbeit ist die Intertextualität in Paul Celans und Osip Mandel'štams Lyrik. Einen weiteren Schwerpunkt dieses Aufsatzes bilden die Übersetzungen Mandel'štamscher Lyrik durch Celan. Außerdem soll die Rolle Mandel'štams in und für Celans Werk näher betrachtet werden. Abschließend werden Teile aus Paul Celans *Es ist alles anders* und *Nachmittag mit Zirkus und Zitadelle* unter die Lupe genommen. Dabei soll versucht werden Mandel'štams Einfluss auf Celan, anhand dieser beiden Gedichte aus dem 1963 erschienenen Gedichtzyklus *Die Niemandsrose* zu belegen, da dieser Mandel'štam gewidmet wurde.

Einleitend soll eine Reihe intertextueller Theorien knapp umrissen werden. Zu den vorgestellten Konzepten gehört Julia Kristevas Konzept vom entgrenzten Text, Michail Bachtins Thesen zu Dialogizität und Ambivalenz, Erkenntnisse aus Jean Starobinskis Untersuchung von Ferdinand de Saussures Anagramm-Studien, Jay Claytons und Eric Rothsteins Untersuchungen textueller Momente, genauso wie Gérard Genettes Argumentation sowie die Konzepte Renate Lachmanns und Roland Barthes.

Darauf folgend werden intertextuelle Aspekte in Celans Lyrik anhand der Thesen in Robert Kleindiensts, *Beim Tode! Lebendig! Paul Celan im Kontext von Roland Barthes' Autorenkonzept. Eine poetologische Konfrontation,* erläutert. Eingegangen wird dabei auf den *„Text als 'Gewebe von Zitaten'"*[1]. Desweiteren dienen Susanne Holthuis' Thesen in *Intertextualität – Aspekte einer rezeptionsorientierten Konzeption,* der Veranschaulichung der Konstruktion einer *„'intertextuellen Textwelt' am Beispiel [von] Celans 'Gauner- und Ganovenweise'"*[2].

Anschließend an die Darstellung Celans intertextueller Aspekte, fällt das Augenmerk auf die Intertextualität bei Mandel'štam. Eingegangen wird dabei auf seine Stein-Metapher sowie auf die Bedeutung der Gedicht-als-Flaschenpost-Metapher. Mandel'štams Dialog mit Anna Achmatova schließt diesen Argumentationsgang ab.

Einen Schwerpunkt dieser Arbeit bilden Celans Übersetzungen Mandel'štamscher Lyrik. Im ersten Teil der Analyse sollen Celans lyrische Verfahren umrissen werden. Anhand der Thesen Fred Lönkers, wird das Augenmerk von der

---

1 Robert Kleindienst, *Beim Tode! Lebendig!*, Bd. 567, 2007, S. 43.

2 Susanne Holthuis, *Intertextualität – Aspekte einer rezeptionsorientierten Konzeption*, Bd. 28, 1993, S. 241.

Argumentation Winfried Menninghaus' über *„Wissen oder Nicht-Wissen –*
Überlegungen zum Problem des Zitats bei Celan und in der Celan-Philologie"[3] auf die
„Überlegungen zu Celans Poetik der Übersetzung"[4] in Chaim Shohams und Bernd
Wittes *Datum und Zitat bei Paul Celan – Akten des Internationalen Paul Celan-*
Colloquiums Haifa 1986 gerichtet. Die Untersuchungen Florence Pennones in *Paul*
Celans Übersetzungspoetik – Entwicklungslinien in seinen Übertragungen französischer
Lyrik schließen den ersten Teil der Analyse Celans lyrischer Verfahren ab. Dies
geschieht am Beispiel der Entwicklung von *„Mandelstams 'Flaschenpost' zu Celans*
'Besetzbarkeit des Gedichts'"[5] unter Beachtung der Grundlagen von Celans
Übersetzungen. Mit Hilfe der Thesen in Markus Mays, Peter Goßens und Jürgen
Lehmanns *Celan – Handbuch – Leben – Werk – Wirkung,* soll von *„Celans Poetik des*
Übersetzens"[6] zu der *„Dichtung Ossip Mandelstamms"*[7] übergeleitet werden. Der
zweite Teil der Analyse dient der Charakterisierung Mandel'štams lyrischer Verfahren
anhand der Argumente aus dem gerade erwähnten Werk.

Einen weiteren Schwerpunkt dieser Analyse bildet Mandel'štam in Celans Lyrik.
Eröffnet wird der Argumentationsgang mit einer knappen Darstellung der
Literaturströmung des Akmeismus, zu deren Vertretern Mandel'štam gehörte, der Celan
in seiner literarischen Entwicklung stark beeinflusst hat. Die wissenschaftliche Arbeit
Christoph Parrys, *Mandelstam der Dichter und der erdichtete Mandelstam im Werk*
Paul Celans – Versuch zur Beleuchtung einer literarischen Beziehung, dient als
Ausgangspunkt dieses Teils der Analyse. Geschildert werden dabei die
„Vergleichbarkeit von Paul Celan und Osip Mandelstam"[8] sowie Mandel'štams als auch
Celans Entwicklung als Lyriker. Darauf folgend soll Mandel'štams Rolle in Celans, *Es*
ist alles anders und *Nachmittag mit Zirkus und Zitadelle,* ermittelt werden.
Schlussendlich wird auf *„Mandelstams Funktion in der 'Niemandsrose'"*[9] eingegangen.
Im gleichen Zusammenhang werden Wortspiele mit *„Mandel"*[10] erläutert.

---

3 Chaim Shoham und Bernd Witte, *Datum und Zitat bei Paul Celan,* Bd. 21, 1987, S. 81.
4 *Datum und Zitat bei Paul Celan,* S. 211.
5 Florence Pennone, *Paul Celans Übersetzungspoetik,* 2007, S. 46.

6 Markus May, Peter Goßens und Jürgen Lehmann (Hg.), *Celan – Handbuch,* 2008, S. 180.
7 *Celan – Handbuch ,* S. 164.
8 Christoph Parry, *Mandelstam der Dichter und der erdichtete Mandelstam im Werk Paul Celans,* 1978,
    S. 14.
9 *Mandelstam der Dichter und der erdichtete Mandelstam,* S. 195.
10 *Mandelstam der Dichter und der erdichtete Mandelstam,* S. 184.

2. Intertextualität

2. 1 Allgemeine Definitionen

> „...tout texte se construit comme mosaique de citations, tout
> texte est absorption et transformation d'un autre texte. A la place
> de la notion d'intersubjectivité s'installe celle d'*intertextualité*, et
> le langage poétique se lit, au moins, comme double." Kristeva[11]

Einleitend sollen intertextuelle Konzepte erläutert werden. Doch was ist Intertextualität[12]? Die einfachste Definition besagt, dass sie einen Text-Text-Bezug darstellt, der eine Doppel- oder Mehrfachkodierung des Textes erzeugt. Mit anderen Worten ist es ein Aufeinandertreffen verschiedener Texte und Kontexte, beziehungsweise die Konfrontation eines Textes mit einer Vielzahl von Referenztexten. Zu Beginn sollen intertextuelle Momente mit Hilfe des Konzepts von Kristeva[13] betrachtet werden. Kristevas poststrukturale Semiotik wurzelt im französischen Strukturalismus. Saussure, Jacques Lacan und Bachtin übten auf sie starken Einfluss aus. *„Das Semiotische und das Symbolische, das Subversive in der Sprache der Poesie, die Theorie der Intertextualität, die Semiotik des Fremden und die Rolle der Frau in der Gesellschaft sind ihre dominierenden Themen."*[14] Als erstes soll Kristevas Konzept des entgrenzten Textes betrachtet werden. In diesem Konzept kann jedes Zeichen als Text begriffen werden. Im Vordergrund ihrer Studie steht die Interaktion zwischen Text und Gesellschaft, Text und Geschichte sowie zwischen literarischen Texten. Dabei orientiert sich Kristeva an Bachtins Thesen zur Dialogizität und Ambivalenz.

> „Kristeva ordnet das poetische Wort auf einer horizontalen Kommunikations-Achse an,
> die Sender (das schreibende Subjekt) und Empfänger (Leser) miteinander verbindet, und
> auf einer vertikalen Achse, wo das Wort in seinem Kontext steht. Diese beiden Achsen
> findet sie in Bachtins Dialogizitätskonzept wieder, wobei Bachtin die Dynamik zwischen
> Sender und Empfänger, zwischen Text und Kontext mit an deren Begriffen belegt, er

---

11 Manfred Geier, *Die Schrift und die Tradition – Studie zur Intertextualität*, 1985, S. 1.
12 Ansgar Nünning, *Metzler Lexikon – Literatur- und Kulturtheorie*, 2004, S. 299 und Winfried Nöth, *Handbuch der Semiotik*, 2000, S. 122 und 392.
13 *Handbuch der Semiotik*, S. 120-24.
14 *Handbuch der Semiotik*, S. 120.

spricht von Dialogizität und Ambivalenz."[15]

Darauf aufbauend überträgt Kristeva die Eigenschaften des dialogischen Wortes Bachtins auf den dialogischen Text. Somit ist jedes sprachliche Zeichen dialogisch und ambivalent. Die Erkenntnisse aus Starobinskis Untersuchung der Anagramm-Studien des Genfer Sprachwissenschaftlers und Begründers der modernen strukturellen Linguistik, Saussure[16], spielen außerdem eine entscheidende Rolle bei Kristevas Konzept. Aufbauend auf Saussures Definition des Anagramms als *„Wörter, die durch Zerstückelung und kryptische Techniken der Buchstabenverstellung in die Verse eingeschrieben sind"[17]*, entwickelt der Literaturwissenschaftler Starobinski den Terminus des Doppelzeichens. Mit dem Doppelzeichen ist die Vorstellung von einem Schreiber als Leser und ebenfalls von einem Schreiber, der das Gelesene im Schreiben doppelt, verbunden.

Als zweites soll Claytons und Rothsteins kulturkritisches Konzept kurz definiert werden. Dieses Konzept besagt, dass Intertextualität eine dynamische Interaktion zwischen männlichen und weiblichen Dichtern sowie zwischen weißen Autoren und der Literatur von Minderheiten, ermöglicht. Somit definieren Clayton und Rothstein Intertextualität aus soziologischer Perspektive, die aus diesem Blickwinkel betrachtet, eine Art Kulturkritik darstellt.

Interessant scheint außerdem das Konzept intertextueller Momente des Literaturwissenschaftlers Genette. Darin stellt er fünf Typen des Text-Text-Bezugs her. Die Intertextualität ist für ihn die Präsenz eines Textes in einem anderen. Paratextualität stellt den Rahmen eines literarischen Werkes dar. Zu diesem Rahmen gehören beispielsweise das Vor- und Nachwort sowie der Titel. Metatextualität bezeichnet den Kommentar eines Textes über einen anderen. Desweiteren stellt Architextualität einen unausgesprochenen Text-Text-Bezug dar. Der fünfte Typ ist die Hypertextualität, die gleichbedeutend ist mit Kristevas Verständnis der Intertextualität. *„Der spätere Text wird als 'Text zweiten Grades' gelesen, 'der von einem anderen, früheren Text abgeleitet ist'"[18]*. Diese beidem Textsorten werden als Geno- und Phänotext bezeichnet.

Relevant für diese Arbeit ist außerdem die Argumentation der Literaturtheoretikerin

---

15 Miltos Pechlivanos, *Einführung in die Literaturwissenschaft*, 1995, S. 368.
16 *Handbuch der Semiotik*, S. 71-77.
17 *Einführung in die Literaturwissenschaft*, S. 369.
18 *Einführung in die Literaturwissenschaft*, S. 370.

Lachmann.

„Die Autorin schreibt Spuren des kulturellen Gedächtnisses (bewußt, oder unbewußt) in den Text ein, die Leserin wiederum wendet, je nach kulturellem Hintergrund, Wissensstand oder Intention, eigene Lesestrategien an. Aus der Vorstellung von Literatur als Gedächtnishandlung entwickelt Lachmann ihre These von der Intertextualität als Gedächtnis des Textes [...] Das Kontinuum der Texte bildet einen Gedächtnisraum, in dem die Texte Fixpunkte des Gedächtnisses, der erinnerbaren Kultur sind. Die intertextuellen Bewegungen brechen diese Fixpunkte auf und lassen die Kultur dynamisch werden."[19]

Ausgehend von dieser These wird eine doppelt Lektüre als wichtig empfunden. Außerdem unterteilt Lachmann Intertextualitätsstrukturen in zwei Arten. Die Kontamination und das Anagramm. Dabei ist die Kontamination das Ergebnis von Selektion der Einzelelemente verschiedener Referenztexte durch Montage. Im Gegensatz dazu ist das Anagramm, bestehend aus verteilten Elementen, die zusammengesetzt eine kohärente Struktur verschiedener Texte ergeben, das Präsentmachen verschiedener Referenztexte.

Abschließend soll die Vision eines grenzenlosen, ahistorischen Textraums, des Strukturalisten sowie Poststrukturalisten und Semiotikers Barthes[20], erwähnt werden. Subsumierend lässt sich sagen, dass die Intertextualität viele Erscheinungsformen hat. Zu diesen gehört das Anagramm, als Wort unter dem Wort nach Saussure und das Paragramm, als Text unter dem Text sowie die Syllepse und das *connective,* als Doppelzeichen bei Riffaterre. Wichtig ist außerdem das Zitat und seine Derivate wie beispielsweise das Autozitat in dem der Dichter eigene Werke aufruft, das Zitatzitat, welches laut Literaturwissenschaftler Aage Hansen-Löve, das Zitieren eines anderen Mediums bezeichnet und das Zitieren historischer Ereignisse. Die Allusion, als nicht wörtliches und dadurch entgrenztes Zitat sowie einige weitere Formen der Intertextualität können diese Reihe fortführen.

2. 2 Intertextualität bei Paul Celan

---

19 *Einführung in die Literaturwissenschaft,* S. 371.
20 *Handbuch der Semiotik,* S. 107-111.

„Ich möchte diese Arbeit jenen
zueignen, deren Andenken ich
darin eingeschrieben habe und die
für mich als Autoren lebendig sind:
Roland Barthes und Paul Celan."[21]

Mit diesen Worten eröffnet der österreichische Schriftsteller, Kleindienst, seine wissenschaftliche Studie intertextueller Aspekte in Celans Lyrik in der Publikation, *Beim Tode! Lebendig! Paul Celan im Kontext von Roland Barthes' Autorenkonzept.* Das Gründungsmitglied des Literaturportals *die flut,* ist abgesehen davon Mitglied der Grazer Autorenversammlung, der Salzburger Autorengruppe sowie der Gesellschaft für Kompositionsforschung und Verbindung der Künste Namens *KOFAKTOR.* Seine literarischen Schwerpunkte sind Lyrik, Dramatik und Prosa. Aus den oben genannten Gründen scheint Kleindienst relevant für die folgende Analyse.

In der angesprochenen Studie betrachtet Kleindienst den Text als Zitat in Gewebeform. In Anlehnung an Kristeva, *„bestimmt Roland Barthes den Autor als Repetitor fremder Rede, indem er davon spricht, dass der Text ein 'Gewebe von Zitaten aus unzähligen Stätten der Kultur' ist"*[22]. Radikal ausgedrückt wird Celan ausgehend von dieser Aussage

„seiner Autor-Funktion [beraubt und] zu einem Repetitor von Gelesenem und Gehörtem [...der] als Schreibender nicht mehr die Stimmungen, Leidenschaften, Gefühle und Eindrücke in sich trägt, sondern jenes riesige Wörterbuch, aus dem er schöpft."[23]

Diese These wird beispielsweise durch Celans *In Eins,* in dem Anspielungen auf Schriftsteller wie Büchner, Breton, Dante, Heine, Mandel'štam und auf Rimbaud sowie Stifter wiederzufinden sind, *„neben einer beachtlichen In-Eins-Setzung welthistorischer Ereignisse und verschiedenster Sprachen,* bestätigt. "[24]

„Mit diesem Verweben von Texten steht Celan in poetologischer Nähe zu Ossip

---

21 *Beim Tode! Lebendig!,* S. 1.
22 *Beim Tode! Lebendig!,* S. 43.
23 *Beim Tode! Lebendig!,* S. 43.
24 *Beim Tode! Lebendig!,* S. 44.

Mandel'štam, dessen Andenken er seinen Gedichtsband *Die Niemandsrose* widmete und in dem sich ebenfalls eine Agglomeration intertextueller Bezüge findet."[25]

Die Thesen der Philologin Holthuis' in *Intertextualität – Aspekte einer rezeptionsorientierten Konzeption* helfen bei der Veranschaulichung intertextueller Aspekte in Celans Lyrik. Holthuis begründet ihre Thesen anhand einer exemplarischen Interpretation Celans *Gauner- und Ganovenweise*.

„EINE GAUNER- UND GANOVENWEISE
GESUNGEN ZU PARIS EMPRES PONTOISE
VON PAUL CELAN
AUS CZERNOWITZ BEI SADAGORA

> *Manchmal nur, in dunklen Zeiten,*
> *Heinrich Heine, An Edom*

Damals, als es noch Galgen gab,
da, nicht wahr, gab es
ein oben.

Wo bleibt mein Bart, Wind, wo
mein Judenfleck, wo
mein Bart, den du raufst?

Krumm war der Weg, den ich ging,
krumm war er, ja,
denn, ja, er war gerade.

Heia.

Krumm, so wird meine Nase.
Nase.

Und wir zogen nach *Friaul*.

---

25 *Beim Tode! Lebendig!*, S. 44.

Da hätten wir, da hätten wir.

Denn es blühte der Mandelbaum.

Mandelbaum, Bandelmaum.

Mandeltraum, Trandelmaum.

Und auch der Machandelbaum.

Heia.

Aum.

Envoi

Aber,

aber es bäumt sich, der Baum. Er,

auch er steht gegen

die Pest."[26]

Eine wichtige Voraussetzung für die Interpretation Celanscher Lyrik, ist tief gehendes Wissen. Dies ist von Bedeutung, da der Leser dazu in der Lage sein sollte eine Vielzahl verschiedenster Referenztexte identifizieren zu können. Zu den Intertextualitäts-Typen gehört in diesem Gedicht beispielsweise die typologische Intertextualität. Teilweise werden Referenztexte von Celan als solche *kursiv* markiert. Dabei wird das *„verbale Material [...] partiell und nicht-modifiziert übernommen"*[27]. An dieser Stelle wird deutlich, wieso laut Kleindienst die Intertextualität in Celans Werk, an ein aus Zitaten bestehendes Gewebe erinnert. Um es mit den Worten Holthuis' zu sagen - *„[Die] Gattungsästhetik [Celanscher Lyrik, kann] als Collage oder Montage [poetischer und/ oder nicht poetischer Referenztexte] klassifiziert werden."*[28] Diesen Teil der Analyse abschließend lässt sich sagen, dass laut Holthuis die Intertextualität eines der zentralen Aspekte Celanscher Poetik darstellt.

2. 3 Intertextuelle Aspekte bei Osip Mandel'štam

---

26 *Intertextualität – Aspekte einer rezeptionsorientierten Konzeption*, S. 235-236.

27 *Intertextualität – Aspekte einer rezeptionsorientierten Konzeption*, S. 236.

28 *Intertextualität – Aspekte einer rezeptionsorientierten Konzeption*, S. 242.

„Нет лирики без диалога"[29]

Mandel'štam

Anschließend an die kurze Darstellung intertextueller Aspekte in Celans Lyrik, soll nun die Intertextualität bei Mandel'štam besprochen werden. Erläutert wird seine Stein-Metapher[30] sowie die Bedeutung der Gedicht-als-Flaschenpost-Metapher[31]. *Wie der Mineraloge im Stein das Klima und die Katastrophen früherer Zeiten wiederfindet, sucht der Dichter in der Sprache die Ereignisse der Vergangenheit.*[32] Wichtig scheint es zu betonen, dass in dem Lexem *pamjatnik, pamjat'* enthalten ist und in dem Lexem *„kamen' ist AKME als Anagramm enthalten."*[33] Somit wird das *„poetische Wort [...] mit dem 'Stein' gleichgesetzt [und] die Bewegung des Akmeismus [, dessen Vertreter Mandel'štam war,] als 'Steinzeitalter' bezeichnet."*[34] Mandel'štam weist auf die Lücken im Text und versteckte Hinweise hin. „Diese versteckten und angedeuteten Hinweise seien gleichzeitig präzise genug, daß ein Leser, der Dichtung zu lesen verstehe, sie dem Text entlocke.[35] In Bezug auf die Stein-Metapher legt Mandel'štam außerdem fest, dass erst eine bestimmte Referenzialität und Dialogizität von Texten, diese entstehen lasse. Bei der Gedicht-als-Flaschenpost-Metapher wird zusätzlich der 'heimliche Adressat', den der Autor nicht kennt, der jedoch den Text entdecken wird, eingeführt. Diese These übt später eine große Faszination auf Celan aus.[36]

---

29 Annette Werberger, *Postsymbolistisches Schreiben*, 2005, S. 234.
30 „Fungiert in verschiedenen Essays als Metapher für die Zeit, die – im Sinne Bergsons – innerhalb der Dichtung komprimiert wird. [...] So mischen sich in der Lyrik Vergangenes und Gegenwärtiges, und die Literaturgeschichte wird im Dialog zu einer ununterbrochenen Kontinuität, vielmehr zu einer zeitlosen Einheit."
Paul Celans Übersetzungspoetik, S. 50-51.
31 „Ausrichtung des Textes (des Gedichts) zum Leser. Diese Hinwendung zum Adressaten wird bei Mandelstam durch die Metapher der Flaschenpost anschaulich gemacht. Der Dichter sei mit seinem Gedicht einem Seefahrer vergleichbar, der einen Brief in einer versiegelten Flasche ins Meer wirft:
Der Brief [die Flaschenpost] genau wie das Gedicht, ist an niemand Bestimmten gerichtet. Dennoch haben beide einen Adressaten: der Brief nämlich den, der die Flasche zufällig im Sand entdeckt, das Gedicht aber 'den Leser in der Nachwelt'."
Paul Celans Übersetzungspoetik, S. 48-49.
32 *Postsymbolistisches Schreiben*, S. 121.
33 Renate Lachmann, *Gedächtnis und Literatur*, 1990, S. 368.
34 *Gedächtnis und Literatur*, S. 368.
35 *Postsymbolistisches Schreiben*, S. 234.
36 Vgl. dazu *Paul Celans Übersetzungspoetik*.

11

„Das gesamte Werk von Mandel'štam ist von Ketten lexikalischer und semantischer Wiederholungen durchdrungen, die Werke verschiedener Genres und Perioden, Vers und Prosa, eigene Kompositionen und Übersetzungen miteinander verknüpfen, wodurch ein solches Netz intertextueller Bindungen geschaffen wird, daß es möglich und ratsam ist, Mandel'štams Vermächtnis als eine einzige Struktur zu betrachten."[37]

Subsumierend lässt sich sagen, dass seine metonymische Lyrik, eine poetische Praxis dialogischer Intertextualität ist und dadurch ein erinnerndes Gespräch mit der Kultur darstellt. Mandel'štams Dialog mit Anna Achmatova[38] soll diesen Argumentationsgang abschließen. *„Der dialogische Charakter der Lyrik wird hier in bezug auf den 'Geheimen Adressaten' der Zukunft gefaßt, das 'fremde Ich', den unbestimmten Leser als Koautor der Nachfolgezeit, der die 'Flaschenpost' des Gedichts finden und entschlüsseln wird."[39]* Das erwähnte Gespräch mit der Vergangenheit ereignet sich laut Mandel'štam im Gedächtnis. Die genannten Aspekte Mandel'štamscher Intertextualität, wie beispielsweise die Mischung von Mikrotexten verschiedener Autoren, entstehen mit Hilfe einen Zitatgeflechts. Seine *Bessonnica*[40] ist hierfür ein exzellentes Beispiel.

---

37 *Gedächtnis und Literatur*, S. 360.
38 Слышу, слышу ранний лед
Шелестящий под мостами, [...]
(О. Мандельштам, 1937)

Знаю, знаю - снова лужи
Сухо заскрипят.
(А. Ахматова, Четки)

„Das Netz von Querverweisen, Allusionen, Wechselzitaten, Repliken, das Mandel'štam und Achmatova miteinander geknüpft haben, hat einen Text-Dialog entstehen lassen, der es erlaubt, von einem gemeinsamen Text zu sprechen, der als eine 'Serie von Doppelspiegeln' konstituiert ist."

Vgl. dazu *Gedächtnis und Literatur*, S. 377.
39 *Gedächtnis und Literatur*, S. 379.
40

Бессонница. Гомер. Тугие паруса.	Deutsche Übersetzung von Paul Celan: Schaflosigkeit. Homer. Die Segel, die sich strecken.
Я список кораблей прочел до середины:	Ich las im Schiffsverzeichnis, ich las, ich kam nicht weit:
Сей длинный выводок, сей поезд журавлиный,	Der Strich der Kraniche, der Zug der jungen Hecke
Что над Элладою когда-то поднялся.	Hoch über Hellas, einst, vor Zeit und Aberzeit.
Как журавлиный клин в чужие рубежи, -	Wie jener Kranichkeil, in Fremdestes getrieben -
На головах царей божественная пена, -	Die Köpfe, kaiserlich, der Gottesschaum drauf, feucht -
Куда плывете вы? Когда бы не Елена,	Ihr schwebt, ihr schwimmt - wohin? Wär Helena nicht drüben,
Что Троя вам одна, ахейские мужи?	Achäer, solch ein Troja, ich frag, was gält es euch?
И море, и Гомер - все движется любовью.	Homer, die Meere, beides: die Liebe, sie bewegt es.
Кого же слушать мне? И вот Гомер молчит,	Wem lausch ich, und wen hör ich?Sieh da, er schweigt, Homer,
И море черное, витийствуя, шумит	Das Meer, das schwarz beredte, an dieses Ufer schlägt es,
И с тяжким грохотом подходит к изголовью.	Zu Häupten hör ichs tosen, es fand den Weg hierher.

1915

„*Bessinnca*[41] ist ein Text, den ein komplexes Netzwerk textueller, vor- und rückverweisender Konnotationen und subtextueller Strukturen prägt. Die korrelierenden Verweisstrukturen, die sich als Mikroelemente aus der *Ilias*, aus der *Divina Commedia*, aus *Faust II*, aus Gedichten von Fedor Tjutčev und Achmatova, aus poetischen Texten Mandel'štams und einigen seiner poetologischen über Dante identifizieren lassen, sind auf unterschiedliche Weise in den manifesten Text überführt.“[42]

3. Paul Celans Übersetzungen von Osip Mandel'štams Lyrik[43]

3. 1 Kurzer Umriss der Lyrik Paul Celans

Einen Schwerpunkt dieser Analyse bilden Celans Übersetzungen Mandel'štams Lyrik. Im ersten Teil der Analyse sollen Celans lyrische Verfahren geschildert werden. Anhand der Thesen Lönkers wird das Augenmerk von der Argumentation Menninghaus' über *„Wissen oder Nicht-Wissen – Überlegungen zum Problem des Zitats bei Celan und in der Celan-Philologie"*[44] auf die *„Überlegungen zu Celans Poetik der Übersetzung"*[45] in Shohams und Wittes *Datum und Zitat bei Paul Celan* gerichtet.

Menninghaus' wissenschaftlicher Aufsatz beginnt mit der Annahme, dass *„Celans Dichtung eine gelehrte Dichtung für Gelehrte"*[46] sei, da zum Dekodieren Spezialkenntnisse auf vielen Gebieten von Nöten seien. Zu diesen gehören beispielsweise Literatur, Geschichte sowie Geistes- und Naturwissenschaften. Desweiteren zeichnet sich Celans Lyrik durch die besondere Zitierweise aus. Das Celansche Zitat ist ein

„völlig asemantisches Zitat, ein Zitat, das weder ein Wort noch ein Ding noch ein Theorem noch ein Geschehen zitiert, sondern nur differentielle Relationen und Strukturen,

---

Vgl. dazu Осип Мандельштам, *Стихотворения*, 2006, S. 88 und *Gedächtnis und Literatur,* S. 395.
41 Vgl. dazu *Gedächtnis und Literatur,* S. 396-401.
42 *Gedächtnis und Literatur,* S. 396.
43 „Mandel'štam ist derjenige der russischen Dichter, vom dem C. am meisten übersetzt hat, ausschließlich Lyrik. Neben den 45 von ihm zum Druck freigegebenen Texten befanden sich im Nachlass noch weitere Übersetzungen und Übersetzungsentwürfe.“
Celan – Handbuch, S. 201.
44 *Datum und Zitat bei Paul Celan,* S. 81.
45 *Datum und Zitat bei Paul Celan,* S. 211.
46 *Datum und Zitat bei Paul Celan,* S. 82.

die doch zugleich das Sinnlichste eines Gedichts sind – das Zitat von Metrum und Rhythmus anderer Texte.[47]

Um die Struktur seines Zitats zu begreifen, scheint es wichtig zu erwähnen, dass Zitate und Anspielungen in Celans Werk nicht immer als solche markiert werden. Um es mit den Worten Menninghaus' auszudrücken:

> „Celans Dichtung ist ein aleatorisches Versteckspiel mit und für gelehrte Leser, die viel Sinn für geduldiges Kramen in vermeintlichen 'Quellen' aufbringen und eventuell bereit sind, sich für eine fremd wirkende Wendung auch schon einmal durch eine Bibliothek hindurchzufressen."[48]

Zu Celans Lyrik zählen nicht nur seine eigenen Gedichte, sondern auch eine Reihe von kunstvollen Übersetzungen. In diesem Zusammenhang stellt Lönker fest, dass Celan Interlinearübersetzungen ablehnte, stattdessen versuchte er *„bei größter Textnähe das Dichterische am Gedicht zu übersetzen, die Gestalt wiederzugeben, das Timbre des Sprechenden"*[49]. Von Interesse für diese Arbeit sind seine Übertragungen Mandel'štams lyrischer Werke.

> „ Von Ihnen soll er gesagt haben, er halte sie 'für eine nicht weniger wichtige Aufgabe als meine eigenen Gedichte'. Die 'Niemandsrose' ist dem Andenken Mandelstamms gewidmet, und in diesem Band finden sich auch die zwei Gedichte, in denen sein Name auftaucht: 'Nachmittag mit Zirkus und Zitadelle' und 'Es ist alles anders'. Anhand dieser Gedichte, die eine Begegnung mit Mandelstamm imaginieren, läßt sich zeigen, daß die Art und Weise, in der der russische Dichter in Celans eigene Lyrik eingeht, zugleich Aufschluß geben kann über die Intentionen der Übertragungen. Man muß sich nämlich vor Augen halten, daß hier Erfahrungen mit Mandelstamms Lyrik poetisch gestaltet sind, und man wird davon ausgehen können, daß diese Erfahrungen auch die Übersetzungen bestimmen."[50]

Laut Lönker hat Celan nicht die Absicht ein fremdes Werk adäquat in einer anderen

---

47 *Datum und Zitat bei Paul Celan*, S. 82.
48 *Datum und Zitat bei Paul Celan*, S. 90.
49 *Datum und Zitat bei Paul Celan*, S. 211.
50 *Datum und Zitat bei Paul Celan*, S. 214.

Sprache zu reproduzieren. Charakterisiert wird seine Übersetzungspoetik durch die *„Reduktion externer Referenzen, verbunden mit einer Verstärkung des immanenten Gedichtzusammenhangs"* sowie die *„Ersetzung von Aussagestrukturen durch eine Sprache, welche die Differenz zwischen einem Sprechenden und einer Wirklichkeit, über die gesprochen wird, aufhebt"*[51].

Die Untersuchungen der Literaturwissenschaftlerin Pennone, in *Paul Celans Übersetzungspoetik – Entwicklungslinien in seinen Übertragungen französischer Lyrik,* sollen an dieser Stelle erläutert werden. Dies geschieht am Beispiel der Entwicklung von *„Mandelstams 'Flaschenpost' zu Celans 'Besetzbarkeit des Gedichts"*[52], unter Beachtung der Grundlagen von Celans Übersetzungen. Pennone sagt, dass Dialogizität nach Bachtin eine wesentliche Eigenschaft von Celans Übersetzungen sowie seiner Lyrik und Poetik darstelle. *„Übersetzungspoetik und eigene Poetik sind bei Celan unzertrennlich verbunden, mehr noch: Sie entwickeln sich bis 1960 parallel zueinander"*[53]. Aus diesem Grund lässt sich seine Dichtung als intertextuell und dialogisch bezeichnen. Außerdem erwähnt sie, dass bereits der Schriftsteller Jürgen Lehmann und Literaturwissenschaftlerin Christine Ivanović auf *„den starken Einfluss von Ossip Mandelstams poetologischen Schriften auf Celans Poetik des Zitats"*[54] hingewiesen haben sowie der Schriftsteller und Übersetzer Ralph Dutli, der ebenfalls die Behauptung aufstellt, Celan hätte sich *„beim Entwurf seiner eigenen Poetologie auf den Akmeisten bezog[en]"*[55]. Daraus folgend lässt sich sagen, dass Celans Thesen zur 'Poetik des Dialogs' in seinen Mandel'štam-Studien wurzeln. Wichtig scheint es außerdem zu erwähnen, dass Celan dem Beispiel Mandel'štams folgend, dem *„Rezipienten eine das Gedicht mitkonstruierende Funktion"*[56] zuschreibt.

Die wissenschaftliche Arbeit des Literaturwissenschaftlers Parry, *Mandelstam der Dichter und der erdichtete Mandelstam im Werk Paul Celans,* dient als Grundlage weiterer Schilderungen Celanscher Lyrik. Als erstes spricht er die Entwicklung Celans Schriftbildes an. Diese bezeichnet er mit den Lexemen 'Reduktion' und 'Verdichtung'. Die 'Reduktion' bezeichnet die Verringerung der Zeilenlänge und somit des

---

51 *Datum und Zitat bei Paul Celan,* S. 226.
52 *Paul Celans Übersetzungspoetik,* S. 46.
53 *Paul Celans Übersetzungspoetik,* S. 46.
54 *Paul Celans Übersetzungspoetik,* S. 47.
55 *Paul Celans Übersetzungspoetik,* S. 48.
56 *Paul Celans Übersetzungspoetik,* S. 54.

Gedichtumfangs, wodurch das einzelne Wort an Bedeutung gewinnt. Als zweites erläutert er die Bildlichkeit. Diese wird im Laufe seiner Entwicklung, genauso wie die Länge, reduziert. Im gleichen Atemzug wird jedoch das sprachliche Material ausgebaut. Angesprochen wird in diesem Zusammenhang die häufige Verwendung verschiedener Personen- und Ortsnamen, technischer Begriffe und medizinischer Fachtermini sowie umgangssprachlicher Elemente. Als letztes sollten im Hinblick auf Parry, seine Überlegungen zu den Übersetzungen Celans umrissen werden. Parry stellt fest, dass *„das Verhältnis zwischen Inhalt und Form, das in besonderem Maße die Lyrik kennzeichnet, niemals in zwei Sprachen gleich sein kann [und, dass] die Frage nach Originaltreue oder freier Nachdichtung besonders heikel [sei]"*[57].Das bedeutet, dass 'nur' die Intention des Originals wiedergegeben werden kann. Dies kann jedoch nur auf dem Wege der freien Übersetzung geschehen. *„Daß Celans Übersetzungen*[58] *auch unter diesen Bedingungen auffallend frei sind*[59]*,* lässt darauf schließen, dass seine eigenen Interpretationen in das Endprodukt eingeflossen sind.

Mit Hilfe der Thesen des Germanisten May, des Literaturwissenschaftlers Goßens und des Schriftstellers Lehmann im *Celan – Handbuch,* soll an dieser Stelle von *„Celans Poetik des Übersetzens"*[60] zu der *„Dichtung Ossip Mandelstamms"*[61] übergeleitet werden. Für sie ist Celans Poetik des Übersetzens ein *„integraler Teil der schriftstellerischen Tätigkeit C.s"*[62]. Seine Dichtung wird auch hier als eine durch Dialogizität gekennzeichnete dargestellt – als Ort der Begegnung und Dialog mit verschiedenen Sprachen und Literaturen, beziehungsweise mit anderen Kulturen. Nach diesem Ebenbild sind die Übersetzungen für Celan

„ein erinnerndes Gespräch, in dessen Rahmen ein verschüttetes, vergessenes, unterdrücktes Sprechen wieder >zutage tritt<, mit Hilfe des Übersetzers >aktualisiert<

---

57 *Mandelstam der Dichter und der erdichtete Mandelstam*, S. 199.
58 „In Celans Mandelstam-Übersetzungen treten einige Veränderungen gegenüber dem Original mit auffallender Regelmäßigkeit auf. [...] Celan bemüht sich meistens, die Verslänge, wenn auch nicht immer das Versmaß, und die Reimsequenz beizubehalten. [...] Es ist auffallend, daß der rhythmische Fluß der meisten Gedichte in Celans Übersetzung trotz der äußerlichen Ähnlichkeit mit dem Original zerstört wird. Dies geschieht besonders durch die extrem häufige Einführung von Zäsuren, die in Mandelstams Gedichten selten vorkommen. So liest man bei Celan, statt ganze Verse auf einmal, immer nur einzelne Wortgruppen."
Mandelstam der Dichter und der erdichtete Mandelstam, S. *206-207.*
59 *Mandelstam der Dichter und der erdichtete Mandelstam*, S. *200.*
60 *Celan – Handbuch*, S. 180.
61 *Celan – Handbuch*, S. 164.
62 *Celan – Handbuch*, S. 180.

wird. Beides, das Sichmessen mit dem Anderen und das aktualisierte Wiederbeleben, erklärt die unübersehbare Distanz und Differenz zwischen Original und Übertragung".

3. 2 Knappe Charakterisierung Osip Mandel'štams Lyrik

> „Поэзия — плуг, взрывающий время
> так, что глубинные слои времени,
> его чернозем, оказываются сверху."[63]

Der zweite Teil der Analyse dient der Charakterisierung Mandel'štams lyrischer Verfahren anhand der Argumente aus *Mandelstam der Dichter und der erdichtete Mandelstam* und dem *Celan – Handbuch*. Laut Parry sind die bis 1915 geschriebenen Gedichte, vor allem auf der inhaltlichen Ebene, durch starke symbolische Züge charakterisiert. Gekennzeichnet werden diese durch eine *„affektive Trauer [...] oder Weltschmerz"[64]*. In den späten Gedichten spricht er von einer 'Untergangsstimmung', die *„die Umstände der Revolution und des Bürgerkriegs in leicht verklärter Weise"[65]* wieder aufgreift. In den Werken aus den Jahren 1921-1925 ist ein poetischer Charakter zu erkennen, der die akmeistische Vorstellung des 'Tierischen' zu einem vorherrschenden Motiv werden lässt.

Im *Celan – Handbuch* wird Mandel'štams Lyrik mit den Worten Celans beschrieben und zwar im Sinne der

> „Dichtung als Phänomen, als realitätsverdichtende Erscheinung, Dichtung als sowohl auf Vergangenheit als auch auf die Zukunft bezogener Dialog, die zwischen Erinnerung und Erwartung vermittelnde Zeitstruktur der Dichtung, die Akzentuierung der Dichtung als Sprechen, als individuelle, kreatürlich sprachliche Handlung."[66]

Darauf folgend wird erwähnt, dass Mandel'štams lyrisches Werk charakterisiert wird durch den Verzicht auf Metaphern und Embleme. Typisch für Mandel'štam ist außerdem die *„Dissozierung einzelner Lexeme von erwartbaren Kontexten [sowie eine Vielzahl*

---

63 *Postsymbolistisches Schreiben*, S. 120.
64 *Mandelstam der Dichter und der erdichtete Mandelstam*, S. 78.
65 *Mandelstam der Dichter und der erdichtete Mandelstam*, S. 78.
66 *Celan – Handbuch*, S. 164.

17

der] Oxymora und Paradoxa [und eine] umfassend[e] intertextuell[e]
Strukturierung"[67]. Abschließend sollte erwähnt werden, dass der freie Rhythmus
bevorzugt verwendet wurde, obwohl auch eine Vielzahl gereimter Gedichte existiert.

4. Osip Mandel'štam in Paul Celans Lyrik

4. 1 Akmeismus

> *„Das akmeistische Wort lebt in die Zukunft: es*
> *schreitet voran mit rückwärts gewendetem Kopf"[68]*

Eine entscheidende Rolle für die literarische Strömung des Akmeismus, spielten drei
Manifeste aus den Jahren 1913 bis 1919. Dazu zählt Gumilevs *Nasledie simvolizma i*
akmeizm aus dem Jahre 1913, das im gleichen Jahr von Gorodeckij verfasste *Nekotorye*
tečenija sovremennoj russkoj poèsii und Mandel'štams *Utro akmeizma* aus dem Jahr
1919. Doch welche Thesen sind in diesen Manifesten enthalten? An dieser Stelle sollten
bestimmte Charakteristika eines akmeistischen Gedichts betrachtet werden. Das
akmeistische Gedicht wird personalisiert. Darin spricht ein konkretes Individuum
Wirklichkeit aus. Abgesehen davon wird der primäre Wortsinn vor dem metaphorischen
betont. Zugleich gewinnt es an geschichtlicher Tiefe. Desweiteren ist das Arbeiten mit
Signifikanten, also mit der lautlichen Seite des sprachlichen Zeichens, eine
hervorstechende Eigenschaft akmeistischer Lyrik. Außerdem finden Veränderungen des
Sujets statt. In diesem Zusammenhang wird das Alltägliche besonders betont und
gewinnt Einzug ins Gedicht. Die Rolle des Dichters befindet sich auch im Wandel. Der
Dichter wird verweltlicht – er wird zum namenlosen, einfachen Handwerker.
Charakterisiert wird der Akmeismus durch ein

> „Ungewöhnliche[s] Nebeneinander von traditionellen und avantgardistischen Elementen.
> Alltagssprache und Alexandriner, Sehnsucht nach Weltkultur und ein
> phänomenologischer Blick auf das Unscheinbare treffen hier aufeinander."[69]

---

67 *Celan – Handbuch*, S. 202.
68 *Gedächtnis und Literatur*, S. 370.
69 *Postsymbolistisches Schreiben*, S. 72.

Im Wandel ist jedoch nicht nur das Bild des Dichters. Der Leser wird dazu aufgefordert, zum kreativen Rezipienten und somit Teil des Kunstwerks zu werden.

> „Das Verständnis eines Textes wird durch diese Entperspektivierung und Entpersönlichung außerordentlich erschwert, und gerade deshalb muß der Leser in die Lücke springen, die der Autor hinterlassen hat. Das biographische Substrat, Orte und Ereignisse sind nicht mehr lesbar. Roland Barthes zeigt, daß genau an diesem Punkt der Leser an die Stelle des Autors rückt."[70]

Dadurch bekommt das akmeistische Gedicht einen unbekannten Adressaten[71] und *„Dichten wird so zu einem kulturellen Akt, der die Erinnerung an frühere Zeiten und Sprachen wachhält und immer mitbedenkt."*[72] Dies ermöglicht eine Reinterpretation der Kultur, die wieder-geschrieben werden soll, was das Schreiben wiederum zu einer kulturellen Handlung macht. Im gleichen Zusammenhang spielt das Konzept des Subtextes eine wichtige Rolle in der akmeistischen Poetik, da fremde Texte die Sprache der Akmeisten darstellen, die auf die Wirklichkeit verweisen. *„In der retrospektiven Projektion der Akmeisten gibt es das Präsens nur als Gegenwart des Vergangenen und als Gegenwart des Zukünftigen."*[73] Diesen Teil der Arbeit abschließend sollte erwähnt werden, dass das laute Dichten eine entscheidende Rolle bei akmeistischen Zusammenkünften spielte, da viele Gedichte nicht schriftlich fixiert wurden, denn

> „Nicht nur das Vergessen ist Vernichtung der Zeichen, sondern auch deren endgültige Fixierung, erst der unerfüllte Sinn gibt ihnen ihre transhistorische Dimension. Und diese nimmt Mandel'štam auch für seine Gedichte in Anspruch, die an einen Adressaten der Zukunft gerichtet sind."[74]

4. 1 *Es ist alles anders*

---

70 *Postsymbolistisches Schreiben*, S. 233.
71 „Das akmeistische Gedicht bekommt einen unbekannten Gesprächspartner, dem es sich 'zuschreibt' (Celan). Mandelštams Diktum, es gebe keine Lyrik ohne Dialog, bezieht sich vor allem auf diese Fragen der Dialogisierung. [...] Nicht nur der Adressat trägt zur Dialogisierung und Referenzsteigerung des Gedichts bei, ähnlich wirkt die Nennung von Namen, Texten, Orten oder Ereignissen. Durch die Anreicherung des Gedichts mit Namen vernetzt es sich mit der 'Weltkultur' und wird somit Teil von ihr."
Postsymbolistisches Schreiben, S. 72.
72 *Postsymbolistisches Schreiben*, S. 122.
73 *Gedächtnis und Literatur*, S. 364.
74 *Gedächtnis und Literatur*, S. 371.

„ES IST ALLES ANDERS, als du es dir denkst, als ich es mir denke,

die Fahne weht noch,

die kleinen Geheimnisse sind noch bei sich,

sie werfen noch Schatten, davon

lebst du, leb ich, leben wir.

Die Silbermünze auf deiner Zunge schmilzt,

sie schmeckt nach Morgen, nach Immer, ein Weg

nach Rußland steigt dir ins Herz,

die karelische Birke

hat

gewartet,

der Name Ossip kommt auf dich zu, du erzählst ihm,

was er schon weiß, er nimmt es dir ab, mit Händen,

du löst ihm den arm von der Schulter, den rechten, den linken,

du heftest die deinen an ihre Stelle, mit Händen, mit

                                          Fingern, mit Linien,

- was abriß, wächst wieder zusammen -

da hast du sie, da nimm sie dir, da hast du alle beide,

den Namen, den Namen, die Hand, die Hand,

da nimm sie dir zum Unterpfand,

er nimmt auch das, und du hast

wieder, was dein ist, was sein war,"[75]

In diesem Teil der Arbeit soll Mandel'štams Rolle in Celans, *Es ist alles anders,* in dem sein Name vorkommt, ermittelt werden. Als Ausgangspunkt dient die wissenschaftliche Arbeit Lönkers. Darin befasst er sich mit der Fragestellung der Erfahrung des fremden Gedichts bei der Gestaltung der eigenen Lyrik. Für diese Art der Analyse ist der obige Teil des Gedichts relevant – das ganze Gedicht befindet sich im Anhang.

Laut Lönker ist die hier Dargestellte Begegnung eine zwischen zwei Toten, was durch die 'Silbermünze' evoziert wird. Das Schmelzen dieser Münze führt zur *„Imagination*

---

75 Paul Celan, *Die Niemandsrose – Sprachgitter – Gedichte,* 1980, S. 75-77.

Rußlands, einer karelischen Birke, und inmitten dieser Landschaft taucht der Name *'Ossip' auf"[76]* was zum Durchbrechen des normalen Erfahrungshorizonts führt. Ein weiterer Aspekt der Begegnung ist der Name im Sinne eines handelnden 'Körpers'.

> „Das heißt offenbar, daß hier Körper und Name ineins gesetzt werden sollen, und das bedeutet weiter, daß es Celan in diesem Gedicht um die Gestaltung einer Begegnung geht, in der Mandelstamms Name zugleich ihn selbst in seiner Körperlichkeit präsent werden läßt. [...] Gerade dadurch nämlich, daß hier der Name auf die Einmaligkeit des Körpers bezogen ist, wird er zum Inbegriff dessen, was Mandelstamm war, so, daß die Ganzheit der Person ineins evoziert werden soll. [...] Dieser Akzent, den Celan so auf die Nichtaussagbarkeit Ossip Mandelstamms legt, ist bestimmend für den ganzen Verlauf der Begegnung."[77]

Daraufhin erläutert Lönker eine entscheidende Wendung, die durch die Worte „*Der Name Ossip kommt auf dich zu, du erzählst ihm, / was er schon weiß, er nimmt es, dir ab, mit Händen"[78]* erzeugt wird, die wiederum das„*Freiwerden vom bloß Subjektiven zur Voraussetzung des Gliedertausches und der Übergabe des Namens"[79]* macht. Desweiteren erklärt er die Rolle der 'Linien', die nicht nur die „*Linien an den Fingerkuppen, sondern auch die Linien der Schrift"[80]* repräsentieren. Außerdem wird der Vers „*was abriß, wächst wieder zusammen"[81]* angesprochen. Laut Lönker „*meint [Celan] zunächst die Wiederherstellung der körperlichen Unversehrtheit Madelstamms, darüber hinaus aber die Fortsetzung eines Sprechens, das zwar seinen bestimmten historischen Ort hat, das aber zugleich aus der Geschichte heraustritt."[82]* Abschließend sagt er, dass Celans Charakterisierung der Mandel'štamschen Poetik, seiner eigener Lyrik entspräche.

> Laut Parry „wandert das Gedicht durch verschiedene Stationen auf den Schluß zu. Eine dieser Stationen ist die Begegnung mit dem Namen Mandelstams. [...] Nach dem zweiten Abschnitt, der ganz im Zeichen der Begegnung mit Mandelstam steht, [zeigt sich, dass die

---

76 *Datum und Zitat bei Paul Celan*, S. 221.
77 *Datum und Zitat bei Paul Celan*, S. 221.
78 *Die Niemandsrose*, S. 75-77.
79 *Datum und Zitat bei Paul Celan*, S. 222.
80 *Datum und Zitat bei Paul Celan*, S. 222.
81 *Die Niemandsrose*, S. 75-77.
82 *Datum und Zitat bei Paul Celan*, S. 222.

Zeit aus einer neuen Perspektive betrachtet]"[83] und negiert werden kann, was die Begegnung mit Mandel'štam exemplifiziert.

Parry stellt die These auf, dass nicht nur Celan in das bereits erwähnte Treffen miteinbezogen wird, sondern auch der Leser, der dadurch an der Begegnung teilhaben darf. Desweiteren wird betont, dass der 'Name' einen Bezug zu Mandel'štams Sprache der Dichtung herstelle. Eines der wichtigsten Argumente Parrys besagt, dass Celan sich in diesem Gedicht in Mandel'štam begegnet. Die Aussage dieses Gedichts fasst er mit den folgenden Worten zusammen: *„In der engeren Auseinandersetzung mit dem literarischen Vorgänger sucht der spätere Dichter seine eigene Identität. Das wesentliche Wort ist der 'Name'."*[84] Die Begegnung mit dem 'Namen', der von der Person geblieben ist, wird in *Nachmittag mit Zirkus und Zitadelle,* durch die Person Mandel'štams ersetzt.

4. 2 *Nachmittag mit Zirkus und Zitadelle*

NACHMITTAG MIT ZIRKUS UND ZITADELLE

„In Brest, vor den Flammenringen,
im Zelt, wo der Tiger sprang,
da hört ich dich, Endlichkeit, singen,
da sah ich dich, Mandelstamm.

Der Himmel hing über der Reede,
die Möwe hing über dem Kran.
Das Endliche sang, das Stete, -
du, Kanonenboot, heißt „Baobab".

Ich grüßte die Trikolore
mit einem russischen Wort -
Verloren war Unverloren,
das Herz ein befestigter Ort."[85]

---

83 *Mandelstam der Dichter und der erdichtete Mandelstam*, S. *174.*
84 *Mandelstam der Dichter und der erdichtete Mandelstam*, S. *178.*
85 *Die Niemandsrose,* S. 54.

In der dem Andenken Mandel'štams gewidmeten *Niemandsrose*, findet sich abgesehen von *Es ist alles anders*, das Gedicht *Nachmittag mit Zirkus und Zitadelle*, das ebenfalls die Begegnung mit Mandel'štam imaginiert.

„An einem Nachmittag – so könnte die realistische Wiedergabe aussehen – besucht der Sprecher in Brest einen Zirkus, und dort, im Zelt, wo eine Tigerdressur gezeigt wird, kommt es zu einem visionären Erlebnis."[86]

Dieses Erlebnis ist die erwähnte Begegnung mit Mandel'štam in Vers vier - *„da hört ich dich, Endlichkeit, singen, / da sah ich dich, Mandelstamm."*[87] Die Kernaussage des Gedichts fasst Lönker folgender Weise zusammen: *„das poetische Werk kann nicht nur das Gedächtnis an Vergessenes wachhalten, sondern es kann dieses selbst in einer Form präsent werden lassen, die für Celan den Charakter der Unmittelbarkeit hat."*[88]

Parry spricht einleitend das unvermittelte Erscheinen Mandel'štams in überraschenden Kontexten an. Eine entscheidende These Parrys besagt, dass das von Celan dargestellte Sujet, *„häufig in Mandelstams Gedichten anzutreffen"*[89] sei. Außerdem stellt er fest, dass der Adressat dieses Gedichts der gleiche Mandel'štam sei, wie der für Russland stehende in der Begegnung. Ein weiterer Aspekt, der diese Darstellung abschließen soll, ist der *„Raum zwischen Endlichkeit und der Unendlichkeit"*[90], der in Celans sowie Mandel'štams Dichtung wieder zu finden ist und einen weiteren Indikator für Mandel'štams Wirkung auf Celan darstelle.

5. Fazit

Gegenstand dieser Arbeit war die Intertextualität in Celans und Mandel'štams Lyrik. Einen weiteren Schwerpunkt stellten die Übersetzungen Celans von Mandel'štams Lyrik dar. Außerdem wurde die Rolle Mandel'štams in und für Celans Werk näher betrachtet. Das Augenmerk fiel auf Celans und Mandel'štams Lyrik und auf die

---

86 *Datum und Zitat bei Paul Celan*, S. 215.
87 *Die Niemandsrose*, S. 54.
88 *Datum und Zitat bei Paul Celan*, S. 220.
89 *Mandelstam der Dichter und der erdichtete Mandelstam*, S. 167.
90 *Mandelstam der Dichter und der erdichtete Mandelstam*, S. 171.

„Das Besondere an den Mandel'štam-Übersetzungen besteht darin, dass sie in viel stärkerem Maße als die anderen Übertragungen aus dem Russischen zum integralen Bestandteil der Dichtung C.s geworden sind; das betrifft insbesondere Gedichte der *Niemandsrose* [...] 'Das Übersetzen Mandel'štams ins Deutsche hat für mich keine geringere Bedeutung als mein eigenes Dichten', so C. [...] Die Übersetzungen gehen aus einer ungemein intensiven Auseinandersetzung mit dem russischen Dichter hervor; [In der *Niemandsrose* spielen bestimmte Motive eine dominante Rolle] Atem, Atem und Verstummen, Stein, Stein und Stern, Schwere und Melancholie, Zeit und Zeitenwende, Verbannung und Exil des Dichters, Dichtung als Gegenwort, Vergessen und Erinnerung." [91].

Veranschaulicht wurden die erläuterten Thesen anhand zweier Gedichte aus Celans Gedichtzyklus *Die Niemandsrose*. Teile aus Paul Celans *Es ist alles anders* und *Nachmittag mit Zirkus und Zitadelle* wurden unter die Lupe genommen. Dabei wurde versucht Mandel'štams Einfluss auf Celan anhand dieser beiden ihm gewidmeten Gedichte zu belegen.

Schlussendlich soll auf *„ Mandelstams Funktion in der 'Niemandsrose'"* [92] eingegangen werden. Im gleichen Zusammenhang werden Wortspiele mit *„ Mandel"* [93] erläutert. In diesem Gedichtzyklus kommt eine Reihe von Wortspielen vor, die Variationen von Mandel'štams Namen darstellen. Dabei widerspricht Celan der

„natürlichen Assoziation der Materie [...] Diese Verfremdung des Materials verwendet Celan schließlich auch im Gedicht 'Es ist alles anders'. Hier ist vom Namen 'Mandelstam' nicht die Rede, sondern vom Vornamen 'Ossip'. Dennoch schwingt der bereits zweimal im Band angesprochene Name 'Mandelstam' mit. Durch das 'Geheimnis der Begegnung' wird nun auch die religiöse Bedeutung der 'Mandel' des Gedichts 'Mandorla' in diesem Zusammenhang mit einbezogen." [94]

---

91 *Celan – Handbuch*, S. *200-201*.
92 *Mandelstam der Dichter und der erdichtete Mandelstam*, S. 195.
93 *Mandelstam der Dichter und der erdichtete Mandelstam*, S. 184.
94 *Mandelstam der Dichter und der erdichtete Mandelstam*, S. 185-186.

Der von Celan aus der Vergangenheit zurückgeholte Mandel'štam, wird zur Realisation seiner eigenen Vorstellungen in Celans *Niemandsrose.* Desweiteren wird er in dieses Werk und vor allem in die angesprochenen Gedichte, stark integriert.

„Bei aller Eigenart der Einbeziehung Mandelstams in die 'Niemandsrose', ist die Anregung durch das Werk Mandelstams nicht zu übersehen. Neben der Anlehnung an Mandelstams Vorstellungswelt ist auch in der Gedichttechnik eine starke Ähnlichkeit vorhanden. [...] Als Gegenstand und Adressat der 'Niemandsrose' kommt Mandelstam eine symbolische Bedeutung zu, die zum realen Mandelstam kaum noch einen Bezug hat. Auf dieses Symbol projiziert Celan den ganzen Inhalt der 'Niemandsrose'."[95]

---

95 *Mandelstam der Dichter und der erdichtete Mandelstam*, S. 197-198.

Literaturverzeichnis

Annette Werberger, *Postsymbolistisches Schreiben*, 2005.

Ansgar Nünning, *Metzler Lexikon – Literatur- und Kulturtheorie*, 2004.

Chaim Shoham und Bernd Witte, *Datum und Zitat bei Paul Celan*, Bd. 21, 1987.

Christoph Parry, *Mandelstam der Dichter und der erdichtete Mandelstam im Werk Paul Celans*, 1978.

Florence Pennone, *Paul Celans Übersetzungspoetik*, 2007.

Manfred Geier, *Die Schrift und die Tradition – Studie zur Intertextualität*, 1985.

Markus May, Peter Goßens und Jürgen Lehmann (Hg.), *Celan – Handbuch*, 2008.

Miltos Pechlivanos, *Einführung in die Literaturwissenschaft*, 1995.

Осип Мандельштам, *Стихотворения*, 2006.

Paul Celan, *Die Niemandsrose – Sprachgitter – Gedichte*, 1980.

Renate Lachmann, *Gedächtnis und Literatur*, 1990.

Robert Kleindienst, *Beim Tode! Lebendig!*, Bd. 567, 2007.

Susanne Holthuis, *Intertextualität – Aspekte einer rezeptionsorientierten Konzeption*, Bd. 28, 1993.

Winfried Nöth, *Handbuch der Semiotik*, 2000.